1판 1쇄 인쇄 2024년 7월 12일
1판 1쇄 발행 2024년 7월 31일

원작 | 다흑
만화 구성 | 권규빈
발행인 | 심정섭　**편집인** | 안예남
편집팀장 | 최영미　**편집** | 이선민, 이수진
표지 및 본문 디자인 | 권규빈
브랜드마케팅 | 김지선, 하서빈
출판마케팅 | 홍성현, 김호현　**제작** | 정수호

발행처 | (주)서울문화사
등록일 | 1988년 2월 16일　**등록번호** | 제 2-484
주소 | 서울특별시 용산구 새창로 221-19 (한강로2가)
전화 | 02-791-0708(구입) 02-799-9171(편집) 02-790-5922(팩스)
인쇄 | 에스엠그린

ISBN 979-11-6923-939-4
　　　979-11-6923-898-4 (세트)

ⓒ다흑. ALL RIGHTS RESERVED.
ⓒSANDBOX NETWORK Inc. ALL RIGHTS RESERVED.

그린트리파이톤

- **크기**: 약 1.5~2m
- **수명**: 약 10~20년
- **서식지**: 인도네시아
- **특징**: 주로 인도네시아에 서식하며 로켓에 따라 몸의 색이 바뀝니다. 야행성으로 보통 얼대우림 나무 위에서 생활하며 밤에는 땅으로 내려옵니다. 매우 날카로운 이빨을 가지고 있어요.

콘세이크

- **크기**: 약 1~1.8m
- **수명**: 약 10~20년
- **서식지**: 미국, 건조한 산림지대, 늪지대
- **특징**: 색이 굉장히 다양하며 낯선 환경에도 적응을 잘하고 온순해서 사람들이 많이 키웁니다. 몸이 무늬가 옥수수 알과 비슷해서 '옥수수뱀'이라는 이름이 붙었습니다.

킹스네이크

- **크기**: 약 0.9~1.8m
- **수명**: 약 10~20년
- **서식지**: 북아메리카의 사막, 늪, 저지대
- **특징**: 콘스네이크보다 크고 굵고 조금 더 사나워요. 최대 2m까지 크는 뱀도 있으며, 몸이 독에 강하기 때문에 방울뱀 같은 독사도 먹을 수 있어요. 표피에 선명한 무늬를 가지고 있어요.

바다뱀

- **크기**: 약 1~1.5m
- **수명**: 약 5~8년
- **서식지**: 근해 및 먼바다
- **특징**: 바다뱀은 거의 평생을 바다에 살면서 피부로 호흡하고 난태생으로 번식을 하는 '진성바다뱀류'와 번식을 위해 육지를 오가며 폐호흡을 하고, 난생으로 번식을 하는 '근바다뱀류'로 구별됩니다.

볼비노래백파이톤

- **크기**: 수컷 약 3~4m, 암컷 약 5~7m
- **수명**: 약 15~20년
- **서식지**: 동남아시아
- **특징**: 세계에서 제일 긴 뱀으로 그물무늬비단뱀이라고도 불러요. 서식지는 주로 동남아시아로 야생에서는 강이나 연못 같은 물가에서 자주 볼 수 있어요. 거대한 몸의 근육을 이용해 먹이를 사냥해요.

킹코브라

- **크기**: 약 3~5m
- **수명**: 약 20년
- **서식지**: 동남아시아, 인도
- **특징**: 킹코브라라는 주로 동남아시아와 인도에 서식하며 적을 위협할 때 목 피부를 넓게 펼쳐요. 충분 근단과 심장치를 유발하는 신경독을 가지고 있어요.

볼파이톤

- **크기**: 약 1~1.8m
- **수명**: 약 10~20년
- **서식지**: 사이프리카와 중앙아프리카
- **특징**: 볼파이톤은 다양한 색을 때며 독이 없습니다. 위협을 느끼면 몸을 동그랗게 말아서 볼파이톤(Ball Python)이라는 이름이 붙었습니다. 몸의 크기 때문에 짝짓기가 가능한 만 무게가 달라요.

동물 탐험구 카드를 모아 보세요!

반갑습니다! 다정한 남자 다흑입니다.
지구상에는 다양한 생물이 많이 살고 있어요. 저는 세상에 있는 모든 희귀 생물이 궁금해 세계 곳곳에 숨어 있는 생물을 찾아 탐험하러 가거나, 애정을 담아 직접 키우고 있답니다.

동물을 직접 만지고 보살피면서 자연스럽게 생명의 소중함과 동물들의 매력에 빠졌고, 여러분들에게도 이 매력을 전달하고 싶어 <다흑의 생생 자연 대탐구>시리즈를 만들게 되었어요. 첫 번째 시리즈에서는 다양한 도마뱀과 카멜레온을 소개해 드렸습니다. 신기한 도마뱀과 카멜레온의 매력에 다들 푹 빠지셨나요? 두 번째 시리즈에서는 다양한 뱀을 소개해 드리려고 해요. 생김새가 귀여운 뱀부터, 맹독을 가진 뱀 등 우리가 알지 못했던 다양한 뱀이 있어요. 뱀은 징그럽거나 무서운 동물이 아니랍니다. 교감을 나누고 친해질 수 있는 멋지고 매력적인 친구들이죠.

이 책은 어린이를 위한 생물 탐구 캡쳐북이에요. 동물들을 실제로 만나는 것처럼 생생하게 보고 느낄 수 있도록 하였답니다. 또한 초등 과학 교과 연계로 알찬 과학 상식을 습득하는데 도움이 될 거예요. 동물의 한살이 과정이나, 사육 정보를 유튜브 영상으로도 볼 수 있어요.

어린이 친구들이 이 책을 읽으면서 다양한 동물에 대해 차근차근 알아 갔으면 합니다. 그리고 동물을 아끼고 사랑하는 마음으로 바라봐 주고, 생명의 소중함을 여기는 사람으로 성장하길 바랍니다.

다흑 소개

반갑습니다!
다정한 남자 다흑입니다!

이색 동물 관찰 전문 유튜브 크리에이터예요.
세상 모든 희귀 생물이 궁금해 다양한
생물을 탐험하러 떠나는 호기심 많은 열혈
생물 탐험가입니다.

다흑과 함께 탐험하는 반려견

집에서 편하게만 생활하다가
다흑의 꼬임에 넘어가 전 세계를 탐험하게
된 다흑의 귀여운 반려견입니다.
다흑과 종종 싸우기도 하지만 퍙이의
활약으로 위기 상황을 탈출하기도 하는
환상의 파트너입니다.

다흑의 반려 도마뱀

여행 가방에 숨어 들어와,
세계 탐험을 떠나게 되어요.
감정에 따라 색이 변합니다.

차례

시작하는 글 & 다흑 소개 · 2p
프롤로그. 다흑에게 물어봐 · 6p

1장. 다흑의 귀여운 반려뱀
1화. 새끼 뱀들이 잔뜩 태어났어요 · 12p
2화. 초대형 블랙테일크리보인디고가 왔어요 · 18p
3화. 귀여운 콘스네이크가 왔어요 · 24p
4화. 뱀을 잡아먹는 킹스네이크 · 32p
5화. 겁이 많은 볼파이톤 · 44p
6화. 나무에 매달려 있는 그린트리파이톤 · 52p

2장. 다흑의 거대뱀과 독뱀
7화. 맹독을 가진 바다뱀을 소개합니다 · 66p
8화. 짤랑짤랑 꼬리에서 소리가 나는 방울뱀 · 74p
9화. 야생 새끼 코브라와 보아뱀을 만났어요 · 82p
10화. 오키나와 최강의 살모사 하브독사 · 96p

11화. 세계에서 가장 긴 레틱파이톤 · 106p
12화. '뱀의 왕'이라 불리는 독사 킹코브라 · 114p

에필로그. 다흑에게 온 질문 · 130p

다흑이 알려 줄게!
1. 뱀에 대해 알아보아요 · **42p**
2. 다양한 뱀을 알아보아요 · **62p**
3. 콘스네이크를 키워 보아요 · **94p**
4. 뱀 플러스 상식 · **124p**
5. 깜짝 퀴즈 정답 풀이 · **126p**

초등 과학 교과 연계
1. 초등학교 3학년 1학기_동물의 한살이
2. 초등학교 3학년 2학기_동물의 생활

프롤로그

다흑에게 물어봐!

평소 SNS로 자주 소통을 하는 다흑, 오늘도 독자들이 궁금해하는 동물에 대해 답을 주고 있었는데….

실시간 채팅

 다흑 님! 안녕하세요!
잘 지내셨나요?

지난번에 도마뱀에 대해 알려 주셔서
전 지금 잘 키우고 있어요! 너무 귀엽죠?

속눈썹이 정말 예쁘네요.
잘 키우고 있다니! 제가 뿌듯하네요.

 요즘 도마뱀을 키우다 보니 다른 파충류에도
관심이 생겼어요.

실시간 채팅

다른 파충류라면?

 뱀이요!

최근에 코브라의 독과 세계에서 가장 긴 뱀에 관한 유튜브 영상을 보았는데 그 후로 관심이 생겼어요.

코브라와 레틱파이톤이군요.
정말 유명하죠.
그런데 꼭 무섭고 큰 뱀만 있는 건 아니에요.

실시간 채팅

콘스네이크예요.

 와! 뱀 맞나요?
제가 알고 있던 뱀과 다른걸요.

예쁜 모프가 많아서
많이 기르고 있는 뱀이죠.

 네! 감사해요!
그리고 다흑 님 이 뱀도 신기하더라고요!

주로 이렇게 나무에 돌돌 말려 있었는데
혹시 아시나요?

아 그린트리파이톤이군요!

그린트리파이톤은 주로 나무 위에서
생활하는 뱀이에요.

실시간 채팅

 너무 신기해요! 다른 색도 있나요?

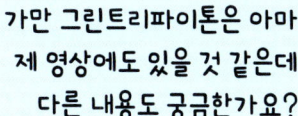 가만 그린트리파이톤은 아마 제 영상에도 있을 것 같은데 다른 내용도 궁금한가요?

 네!!

그럼 같이 찾으러 가 봅시다!

〈다흑의 생생 자연 대탐구2〉 시작합니다!

1화

초등 교과 연계
3학년 1학기: 동물의 한살이

새끼 뱀들이 잔뜩 태어났어요

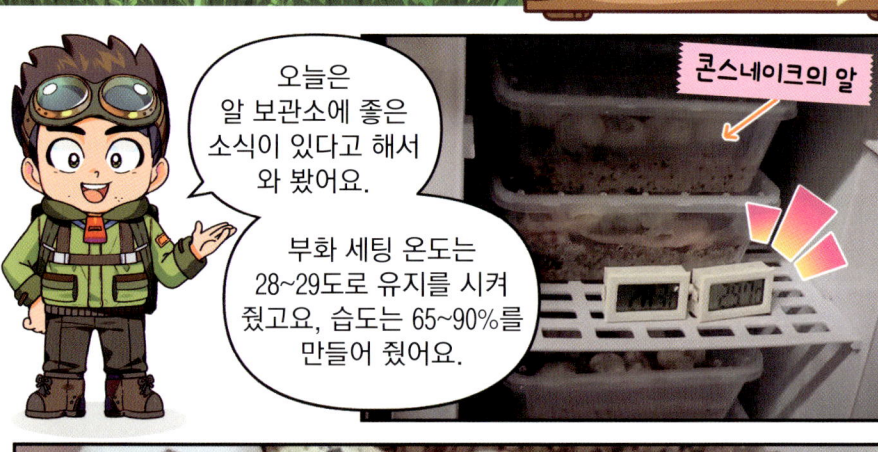

오늘은 알 보관소에 좋은 소식이 있다고 해서 와 봤어요.

부화 세팅 온도는 28~29도로 유지를 시켜 줬고요, 습도는 65~90%를 만들어 줬어요.

콘스네이크의 알

까꿍!

우와! 너무 신기해요!

새끼 콘스네이크

와! 벌써 태어난 새끼 뱀들도 있네요!

콘스네이크의 부화

습기가 있는 바닥재에 알을 깔고 알의 윗면이 바뀌지 않게 옮겨 줍니다. 온도는 25~30도 사이를 유지하고, 습도는 65~90%를 만들어 줘야 해요. 산란 후 약 50일이 지나면 부화를 시작합니다.

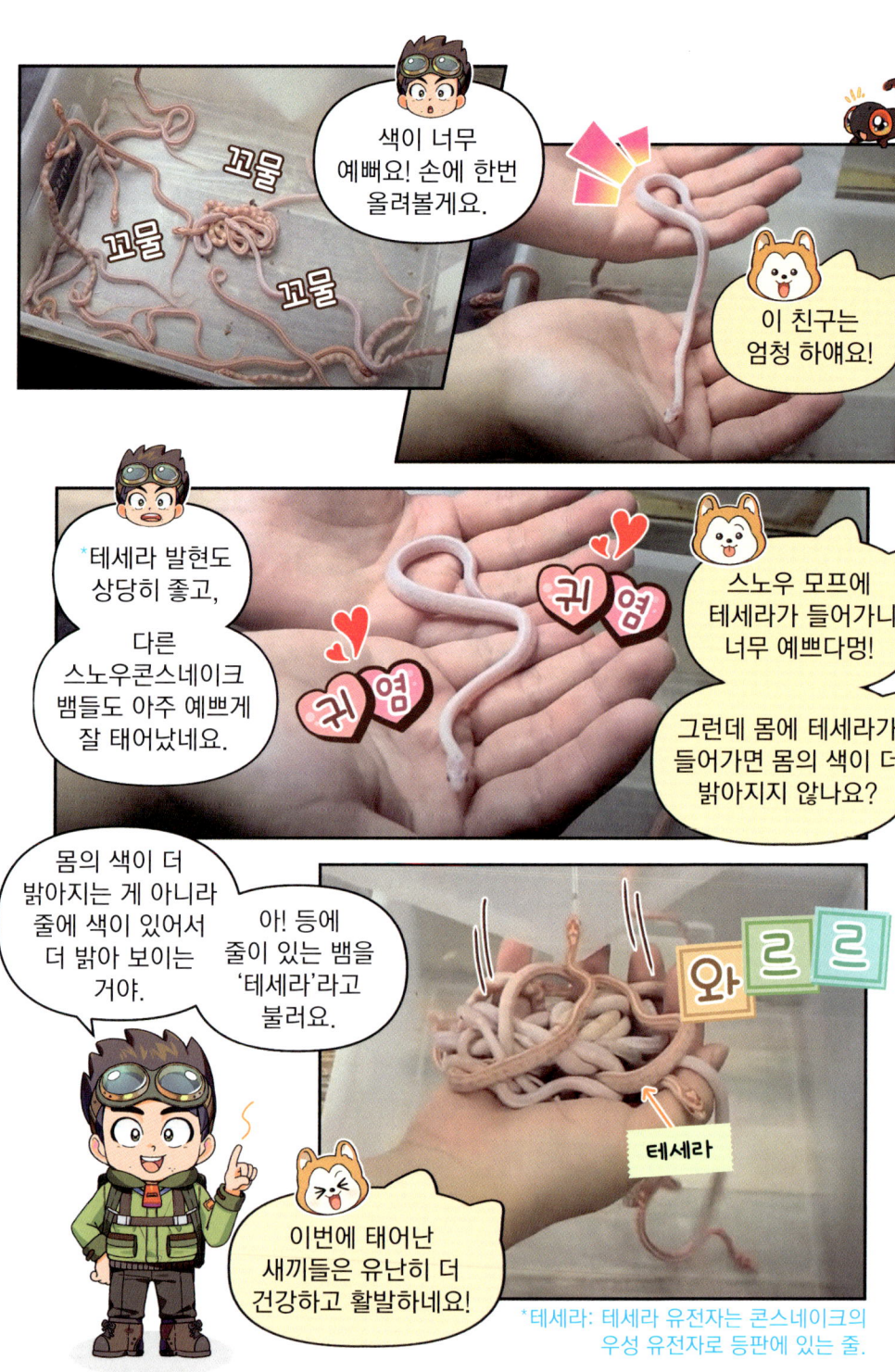

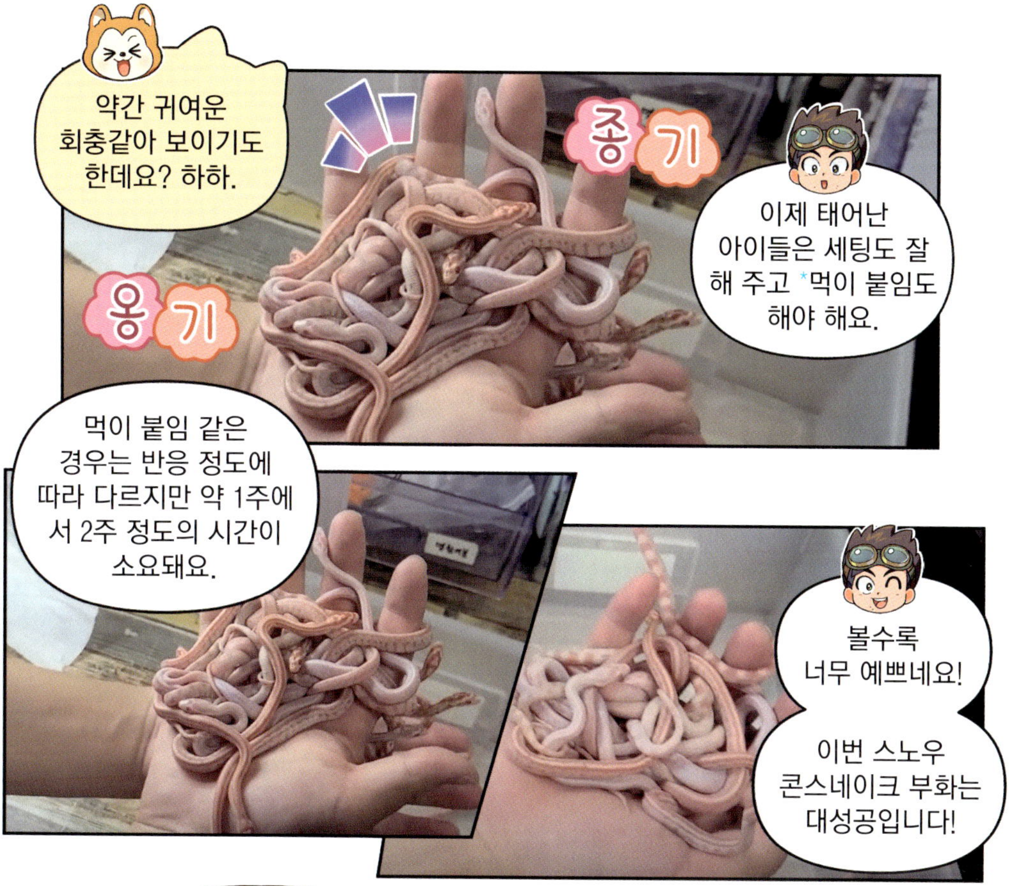

약간 귀여운 회충같아 보이기도 한데요? 하하.

종기

옹기

이제 태어난 아이들은 세팅도 잘 해 주고 *먹이 붙임도 해야 해요.

먹이 붙임 같은 경우는 반응 정도에 따라 다르지만 약 1주에서 2주 정도의 시간이 소요돼요.

볼수록 너무 예쁘네요!

이번 스노우 콘스네이크 부화는 대성공입니다!

잘 태어나 줘서 기뻐!

뱀의 알은 고온다습한 곳에서 키워줘야 해요.

정답과 설명은 126p에서 확인!

*먹이 붙임: 양식 동물이 알에서 부화하여, 물속의 먹이나 자연 먹이를 먹다가 처음으로 인공 먹이를 먹기 시작하는 일.

17

2화

초등 교과 연계
3학년 2학기 : 동물의 생활

초대형 블랙테일 크리보인디고가 왔어요

오늘 소개해 줄 친구는 블랙테일크리보인디고입니다.

짜 잔

안녕?

블랙테일크리보인디고

*인디고스네이크는 옐로우, 블랙, 레드 등 다양한 발색이 있어요.

반가워.

블랙테일크리보인디고는 희귀하잖아요!

영롱

인디고스네이크란?
중앙아메리카 남부부터 동남부 아메리카, 남미까지 서식합니다. 평균 약 1.8~3m로 포유류, 양서류, 파충류 등 가리지 않고 사냥합니다.

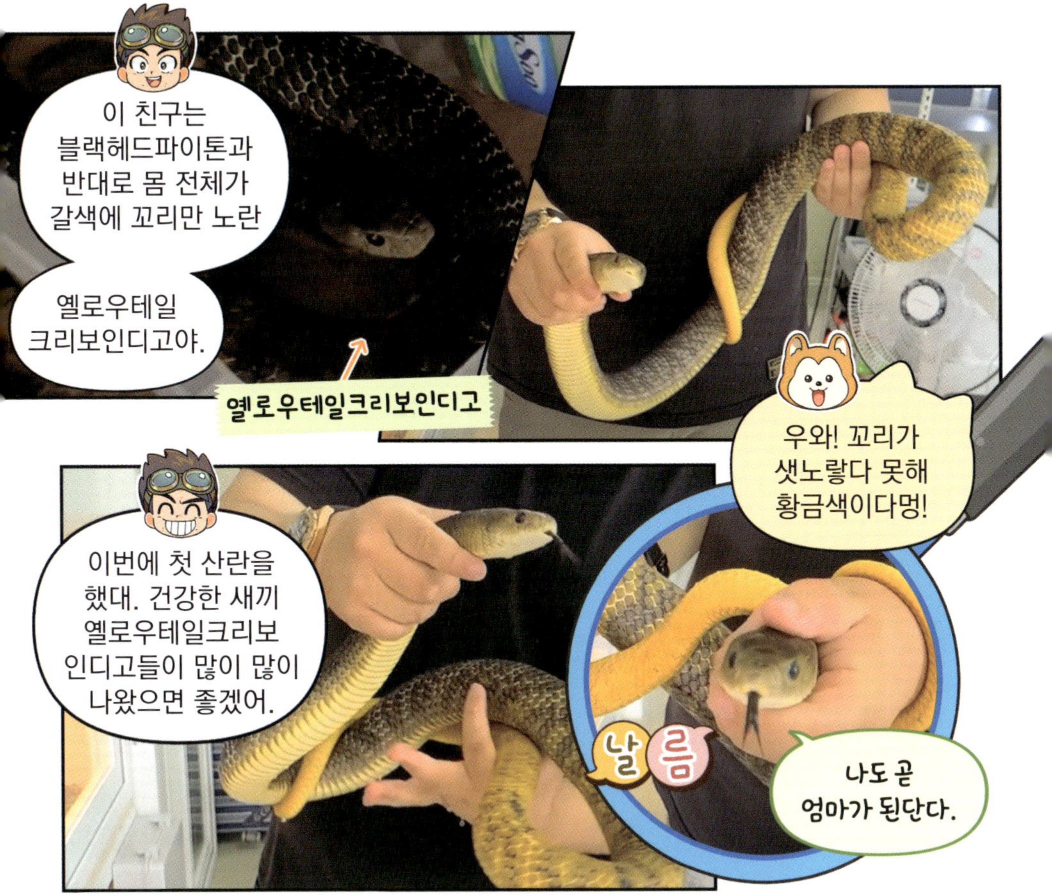

이 친구는 블랙헤드파이톤과 반대로 몸 전체가 갈색에 꼬리만 노란 옐로우테일크리보인디고야.

옐로우테일크리보인디고

우와! 꼬리가 샛노랗다 못해 황금색이다멍!

이번에 첫 산란을 했대. 건강한 새끼 옐로우테일크리보인디고들이 많이 많이 나왔으면 좋겠어.

날름

나도 곧 엄마가 된단다.

꼬리만 까맣다니 너무 신기한걸~.

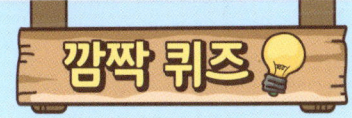

깜짝 퀴즈

꼬리 쪽이 까맣고 얼굴에 눈물 무늬가 있어서 인기가 있는 이 뱀은 무엇일까요?

ㅂㄹㅌㅇㅋㄹㅂㅇㄷㄱ

정답과 설명은 126p에서 확인!

23

3화
초등 교과 연계
3학년 1학기: 동물의 한살이

귀여운 콘스네이크가 왔어요

오늘은 정말 예쁜 콘스네이크를 만나러 왔어요!

흰색의 몸이 매력적인 스노우오팔 콘스네이크예요.

스노우오팔콘스네이크

짜잔

반질

백사라서 눈도 빨개요.

이 뱀은 일정한 크기가 되면 알을 낳을 준비를 하는데요.

반질

콘스네이크란?
콘스네이크는 몸의 무늬가 옥수수 알과 비슷해서 옥수수뱀이라는 이름이 붙었습니다. 몸 색깔이 다양하고 아름다워서 많은 사람에게 사랑받고 있습니다.

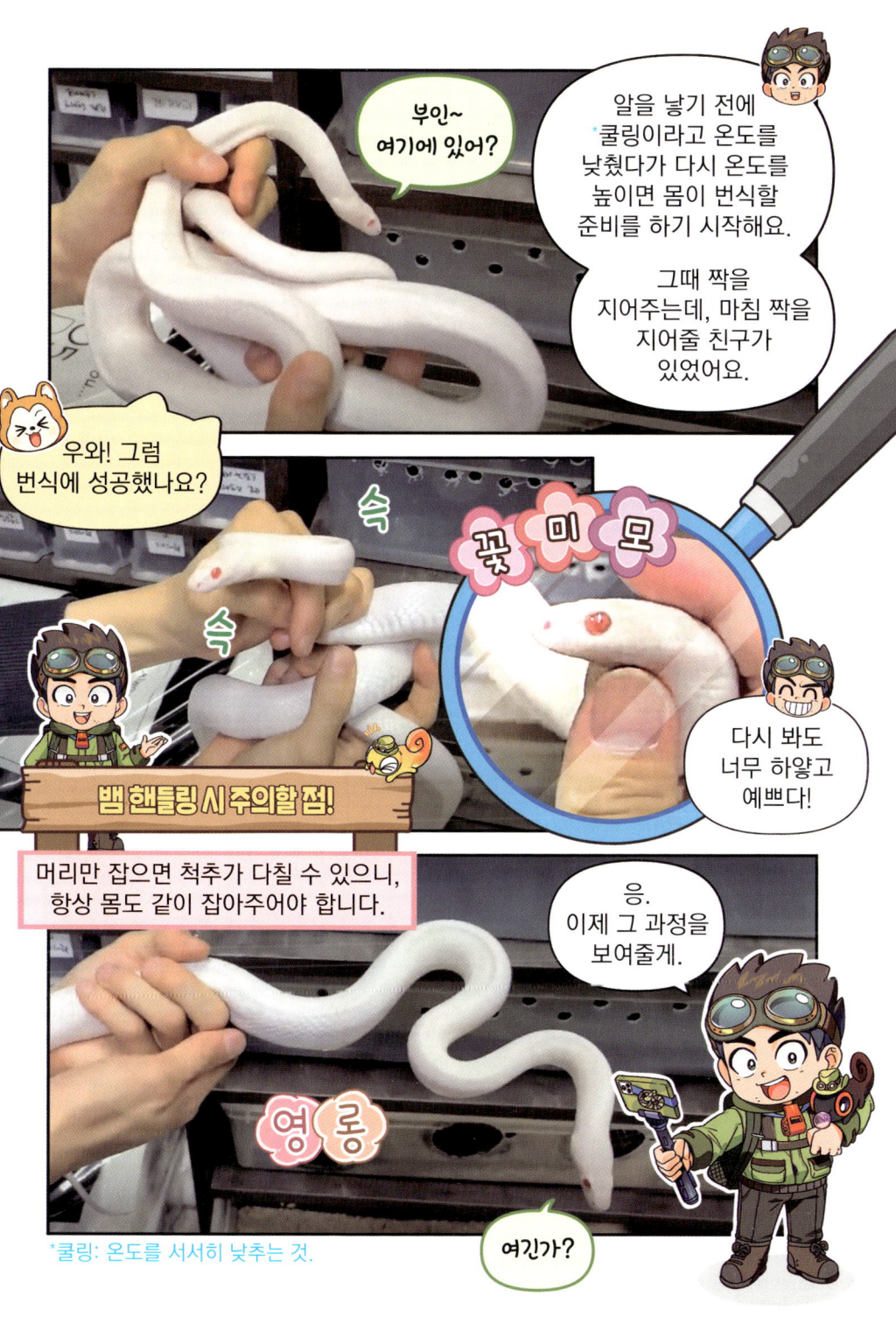

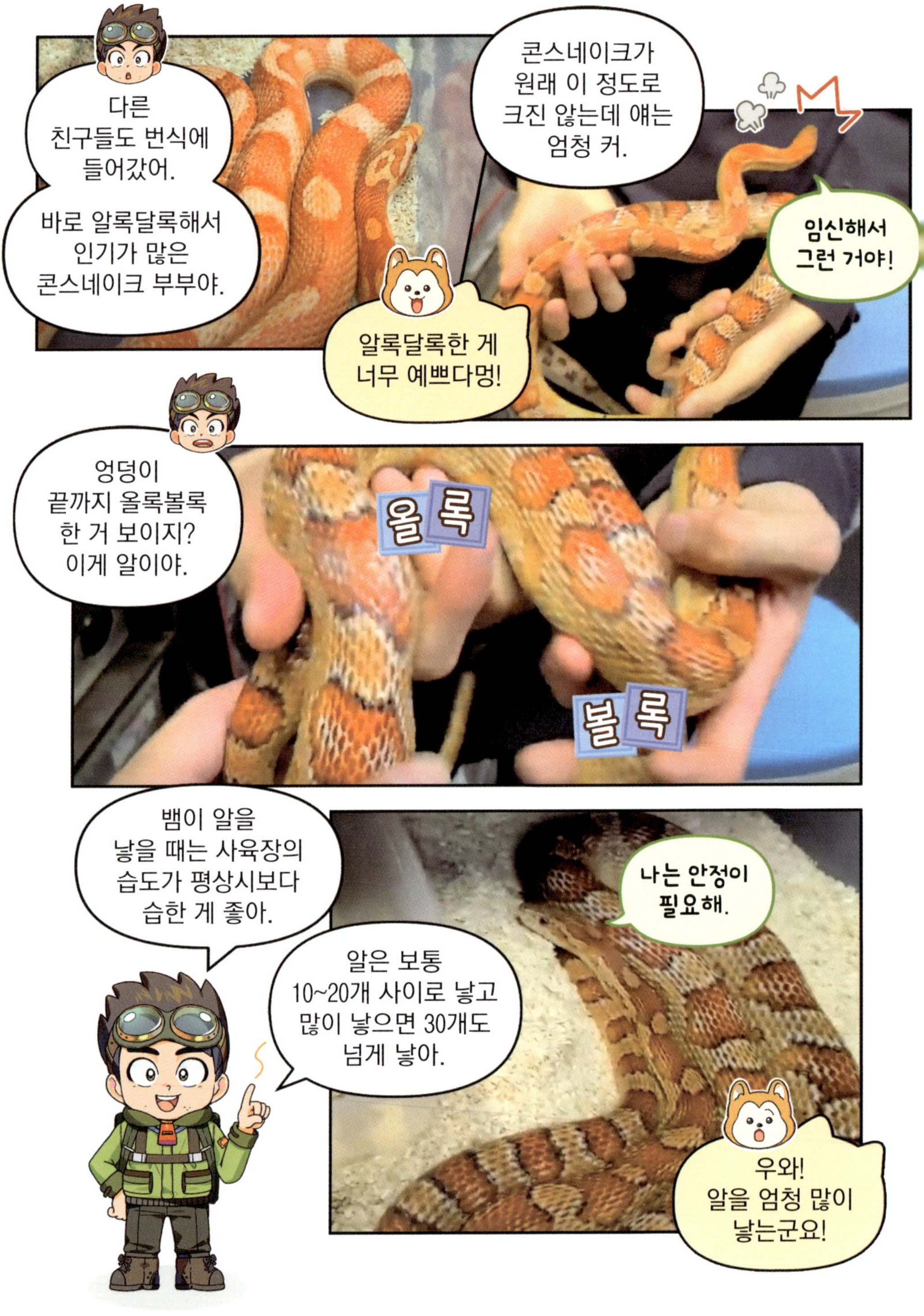

그리고 이 친구는 예민하기로 유명한 블랙밀크스네이크야.

반질 반질

블랙밀크스네이크

엄청 새까맣네요!

이 친구는 화이트사이드스네이크인데 색깔이 너무 예뻐.

날름

화이트사이드스네이크

앞으로 다른 멋진 뱀들도 많이 보여줄게. 기대해 줘~.

몸 색깔이 이렇게나 다양하다니!

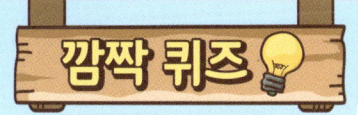
깜짝 퀴즈

몸의 무늬가 옥수수 알과 비슷한 이 뱀은 무엇일까요?

1. 콘스네이크   2. 밀크스네이크
3. 킹스네이크

정답과 설명은 126p에서 확인!

4화
초등 교과 연계
3학년 2학기: 동물의 생활

뱀을 잡아먹는 킹스네이크

오늘은 유명하신 뱀 전문 브리더님의 집에 귀한 친구들이 있다고 해서 방문했어요.

영롱

알비노카펫파이톤

국내에서 정말 보기 힘든 뱀이잖아요!

알비노카펫파이톤이라고 해요. 그린트리파이톤과 볼파이톤의 중간 정도로 *교목을 따져서 서식하는 뱀인데요.

뭐야?

스윽

볼파이톤

그린트리파이톤(GTP)

국내에선 개체 수가 적어서 못 구하는 귀한 종인데 여기서 만나네요!

*교목: 키가 8m 이상으로 크게 자라는 나무를 말함.

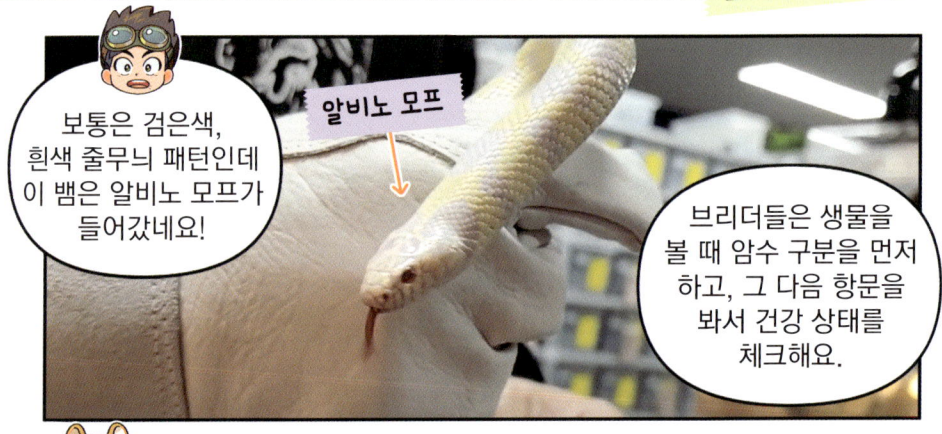

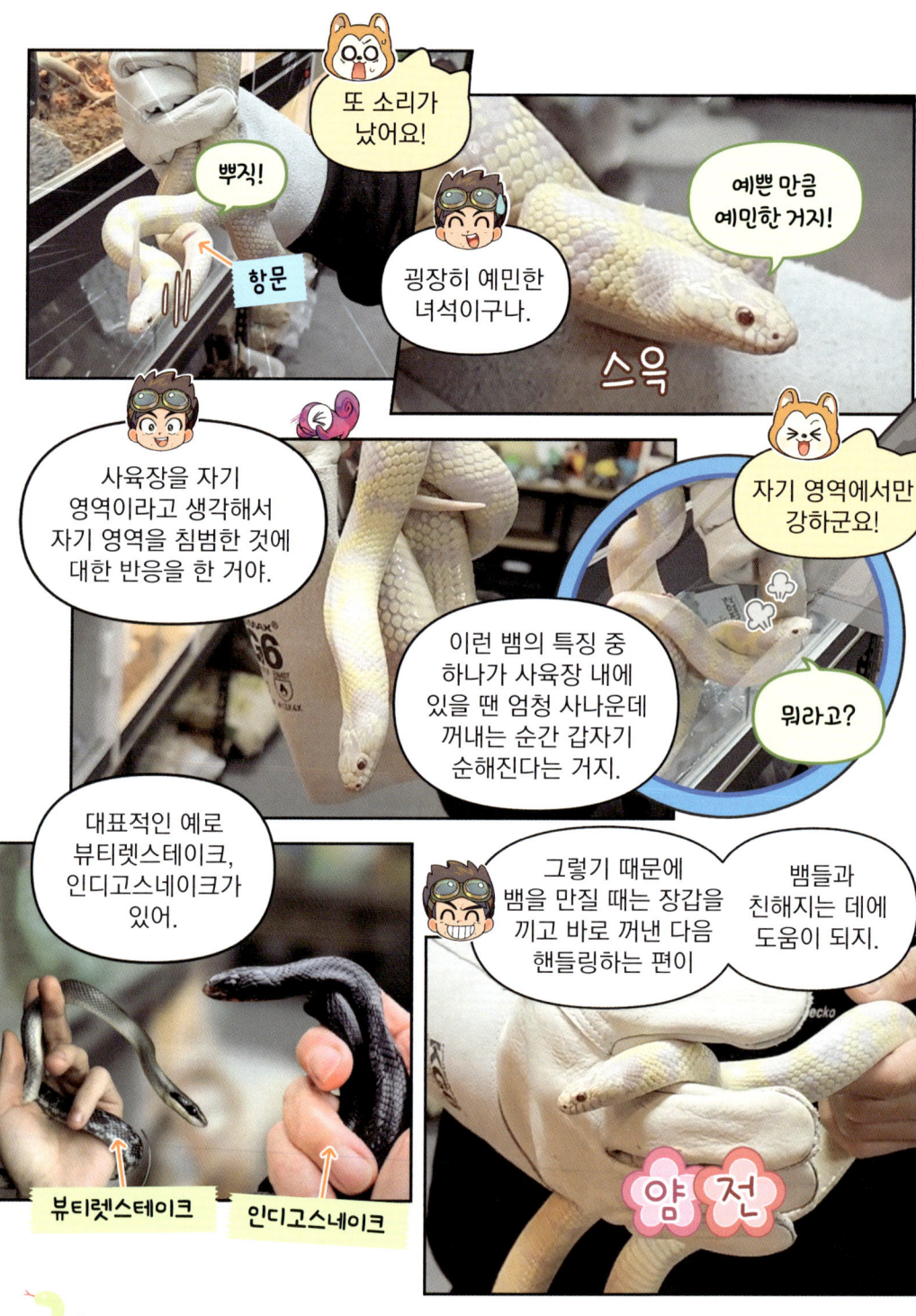

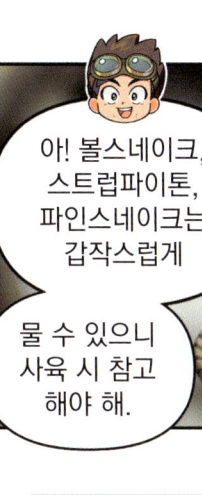

아! 볼스네이크, 스트럽파이톤, 파인스네이크는 갑작스럽게 물 수 있으니 사육 시 참고해야 해.

→ 스트럽파이톤
→ 파인스네이크
↑ 볼스네이크

핸들링을 하고 나니 조금 친해진 것 같아요!

우리 천천히 친해져 보자!

날름
귀염
귀염

뱀을 잡아먹는 뱀이라니!

깜짝 퀴즈 💡

킹스네이크의 몸은 독에 강해요.

정답과 설명은 127p에서 확인!

뱀에 대해 알아보아요

초등 교과 연계
3학년 1학기: 동물의 한살이
3학년 2학기: 동물의 생활

파충류란?

파충류는 피부가 딱딱한 비늘이거나 몸이 등딱지로 덮여 있어요. 파충류에는 도마뱀, 거북, 뱀, 악어 같은 동물이 있으며, 주변 온도에 따라 몸의 온도가 변하는 변온동물입니다. 따뜻한 곳과 추운 곳을 왔다 갔다하며 체온을 조절해요.

뱀의 특징

뱀은 다리가 없고 몸과 꼬리가 비늘로 덮여 있어요. 전 세계의 사막, 초원, 물가, 삼림 등 다양한 환경에서 살고 있습니다.

- 대부분 땅에 살지만 물이나 나무에서 살기도 해요. 겨울에는 땅속에 들어가 동면합니다.
- 뱀은 육식성으로 쥐같이 작은 동물이나 새알을 먹어요. 하지만 뱀을 먹는 뱀도 있습니다.
- 뱀은 크게 비단구렁이과, 왕뱀과, 줄비늘뱀과, 뱀과 등으로 나눌 수 있어요.
- 뱀이 수시로 혀를 날름거리는 이유는 먹이가 있는 곳을 찾기 위해서예요.

뱀의 한살이

1. 알이 태어났어요.

2. 알에서 새끼 뱀이 깨어났어요.

3. 먹이를 먹으며 무럭무럭 자랐어요.

4. 탈피하면서 몸이 커졌어요.

5. 멋진 성체로 자라났어요.

뱀의 구조

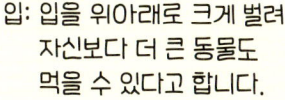

- **눈**: 시력이 별로 좋지 않은 대신 후각이 뛰어나요.
- **갈비뼈**: 뱀은 갈비뼈가 400개가 넘는다고 해요. 그래서 부드럽게 움직일 수 있습니다.
- **혀**: 혀끝은 두 갈래로 갈라져 있으며 혀끝으로 냄새를 맡는다고 해요. 혀를 사용해서 소리를 감지해요.
- **몸통**: 몸통이 비늘로 덮여 있으며 가늘고 길어요. 움직일 때 S자로 움직입니다.
- **입**: 입을 위아래로 크게 벌려 자신보다 더 큰 동물도 먹을 수 있다고 합니다.
- **꼬리**: 긴 몸의 3분의 1이 꼬리예요.

해외에선 어마어마하게 인기가 많은 종이지만

각양

각색

나는 이미 매력에 빠졌다멍!

국내에서는 이제 막 알려지고 있는 뱀이거든요.

볼파이톤을 키워보는 것도 큰 즐거움이 될 거예요!

날름

은근히 겁이 많은 볼파이톤이네~.

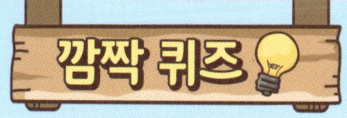

위협을 느끼면 몸을 동그랗게 마는 뱀은 무엇일까요?

ㅂㅍㅇㅌ

정답과 설명은 127p에서 확인!

51

6화 초등 교과 연계
3학년 2학기: 동물의 생활

나무에 매달려 있는 그린트리파이톤

오늘은 국내에서 거의 유일하게 GTP (Green Tree Python)를 번식하는 브리더님 집에 방문했어요.

참! 먼저 오늘의 주인공을 만나기 전에 볼파이톤부터 살짝 보여줄게요!

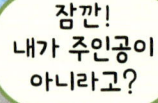

잠깐! 내가 주인공이 아니라고?

엄청 화려하게 생긴 인페르노 모프야.

이렇게 멋진 모프는 처음 봐!

인페르노 모프

패턴이 재규어 같다멍!

그런데 이 친구는 빨간색인데요?

그린트리파이톤 성체

보통 새끼 땐 노란색을 띠고 자라면서 초록색으로 바뀌지.

부모가 어렸을 때 어떤 색이었는지에 따라 달라져.

자! 이제는 성체들을 어떻게 키우는지 보여줄게.

거대한 크기의 성체 GTP인데 사육장 크기가 꼭 크지 않아도 된다면서요?

두둥

사육장은 성체 기준 60cm(가로) * 45cm (세로) * 60cm(높이) 정도면 편하게 기를 수 있다고 해.

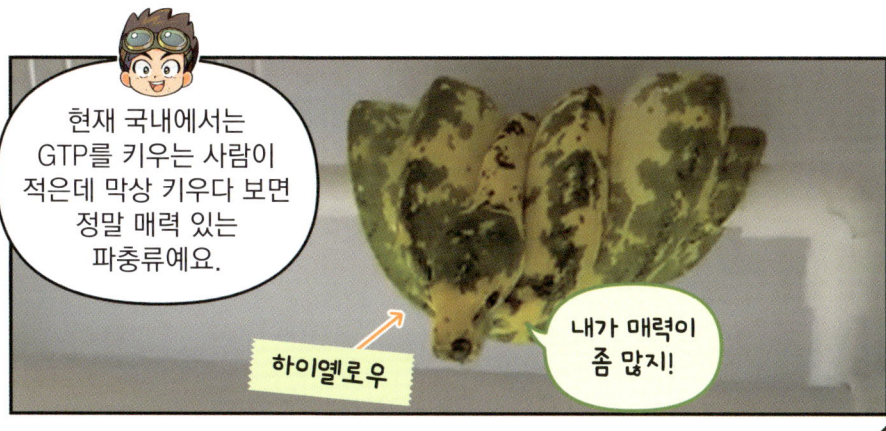

현재 국내에서는 GTP를 키우는 사람이 적은데 막상 키우다 보면 정말 매력 있는 파충류예요.

하이옐로우

내가 매력이 좀 많지!

사육장 세팅도 간단하고 예쁘게 꾸밀 수 있으며 먹이 반응도 좋아요.

매력이 넘치는 만큼 국내에도 GTP 브리더가 많아졌으면 좋겠어요!

짜잔

사육장 꾸미는 재미도 있다멍!

이 친구는 카니나라고 불리는 타이거렛 스네이크야.

카니나나는 스페인어로 '송곳니'라는 뜻이고, 호랑이를 떠올리게 하는 무늬가 있어 '타이거'가 붙었어.

타이거렛스네이크

송곳니가 날카로워서 이런 이름이 붙었나?

타이거렛스네이크란?
중앙 아메리카 및 남아메리카 등에 서식하며, 고온다습한 기후를 선호해요. 물가 근처에 있는 높은 나무에서 주로 발견됩니다.

나무에 올라갈 수 있게 긴 나무 유목을 세팅해 주셨어.

사육장이 아주 멋져요!

교목성이기 때문에 사육장에 꼭 나무를 넣어줘야 해.

나무 위가 가장 편해.

사 사 삭

야생에서 주로 새를 잡아먹다 보니 자주 나무에 올라가 있어.

타이거렛 스네이크는 뱀중에선 꽤나 높은 지능을 가지고 있어.

뱀계의 지니어스라고 들었다멍!

또 다른 특징은 위험을 느꼈을 때 코브라처럼 목을 부풀린다는 거야.

아니 없어.

엇? 독이 있나요?

얘네 번식 사이클은 건기, 우기를 맞춰 돌아간다고 해.

이렇게 번식이 어렵고 까다롭다 보니 국내에선 아직 번식한 적이 없대.

브리더들이 많이 번식 시켰으면 좋겠다멍.

매달려 있는 뱀이라니 너무 신기해!

깜짝 퀴즈

그린트리파이톤이 가장 싫어하는 것은 무엇인가요?

1. 진드기   2. 물   3. 나무

정답과 설명은 127p에서 확인!

다양한 뱀을 알아보아요!

난 공격할 때 목을 옆으로 넓게 펼쳐!
킹코브라

세계에서 가장 큰 뱀은 나라구~!
아나콘다

태평양, 인도양같은 따뜻한 바다에 살아~.
바다뱀

내 얼굴에 달린 뿔 멋지지?
뿔뱀

살모사

날뱀

밀크스네이크

비단뱀

다흑의 생생 자연 대탐구

2 다흑의 거대뱀과 독뱀

7화
맹독을 가진 바다뱀을 소개합니다

"안녕 친구들! 오늘은 필리핀에 왔는데요."

"나도 왔다멍!"

바다뱀

"현지인들에게 파충류를 좋아한다고 했더니 바다뱀을 잡아다 줬어요."

스륵

"필리핀에는 바다뱀들이 생각보다 많아요."

바다뱀의 종류
바다뱀은 거의 평생을 바다에 살면서 피부로 호흡하고 *난태생으로 번식을 하는 '진성바다뱀류'와 번식, 교미를 위해 육지를 오가며 폐호흡을 하고 *난생으로 번식을 하는 '큰바다뱀류'로 구별됩니다.

*난태생: 수정란이 모체 안에서 부화하여 나오는 것.
*난생: 어미가 알을 낳아 부화하는 것.

66

8화
짤랑짤랑 꼬리에서 소리가 나는 방울뱀

오늘은 테마파크에서 방울뱀의 독을 채취하는 날이라고 해서 방문했어요.

방울뱀들은 가끔 먹이를 먹다 싸워서 서로 무는 경우가 있는데,

방울뱀은 유명하지!

죽을 정도는 아니지만 독 때문에 어느 정도 데미지를 입을 수 있기 때문에 예방 차원에서 정기적으로 독을 빼준다고 해요.

방울뱀이란?
방울뱀은 아메리카 대륙에 살아요. 미국 애리조나주에 가장 다양한 방울뱀이 살고 있어요. 가장 큰 동부다이아몬드방울뱀은 무게가 약 4.5kg이 넘고, 길이가 약 2.5m나 되어요.

이 위에 묻은 것도 다 침이랑 독이야.

너덜 너덜

방울뱀의 구강 내부

독이 많네요!

입을 벌린 모습이 정말 무서운걸.

두둥!

살아 있는 먹이를 먹었을 땐 독이 별로 남아 있지 않기 때문에 독을 따로 뽑지 않아요.

내 독은 이게 다야.

9화
야생 새끼 코브라와 보아뱀을 만났어요

*피트 기관: 뱀의 입 근처에 있는 작은 열 감지 기관.

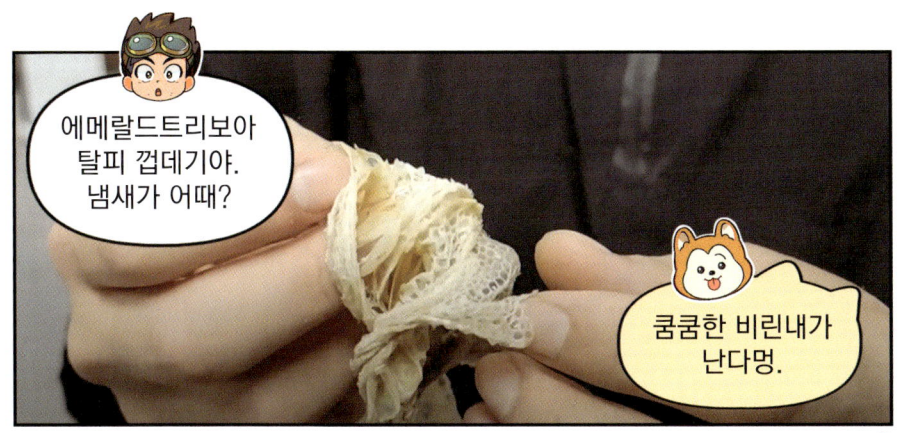

에메랄드트리보아 탈피 껍데기야. 냄새가 어때?

쿰쿰한 비린내가 난다멍.

탈피를 하고 나니 더 활발해진 것 같네요!

눈도 더 맑아진 것 같아요!

깜짝 퀴즈

사납지만 정말 예쁜 뱀이야~.

에메랄드트리보아에서 가장 날카롭고 길게 휘어져 있는 이곳은 어디일까요?

1. 꼬리   2. 이빨   3. 혀

정답과 설명은 128p에서 확인!

콘스네이크를 키워 보아요

뱀을 어떻게 키워야 하는지 함께 알아보아요.

준비물

채집통

낮고 넓은 채집통

네 면이 모두 투명한 채집통이에요. 채집통 뚜껑에는 작은 구멍이 여러 개 뚫려 있으면 좋아요. 뱀은 서늘하고 통풍이 잘되는 곳에서 키워야 합니다. 뱀 길이에 맞는 통으로 준비해 주세요!

물그릇과 은신처

뱀은 물을 많이 마셔요. 물그릇에 들어가 배변을 볼 수 있으니, 물그릇을 자주 확인해 주고 하루에 한 번씩 물을 갈아주세요. 은신처에 몸을 문지르며 탈피를 하기도 해요.

물그릇, 은신처, 바닥재

전기장판

전기장판

채집통을 사육장으로 쓸 때 전기장판이나 담요로 사육장을 덮어 온도를 유지해 줘야 합니다. 날이 따뜻해지기 전까지 사용해 주세요.

바닥재
탈피할 때 필요하며, 습도가 높아지면 곰팡이가 쉽게 생기니 습도 조절을 위해 바닥재를 넣어줍니다. 2~3cm 정도 깔아주세요.

신문지와 키친타월
습기를 잘 흡수하는 종이를 많이 사용해요. 젖거나 더러워지면 쉽게 갈 수 있어 편리합니다!

뱀의 먹이

먹이 주는 횟수: 주 1~2회
먹이: 냉동 쥐, 냉동 병아리

긴 핀셋
먹이는 긴 핀셋으로 집어 주세요. 짧은 핀셋으로 주면, 손을 먹이로 착각해 물 수 있어요.

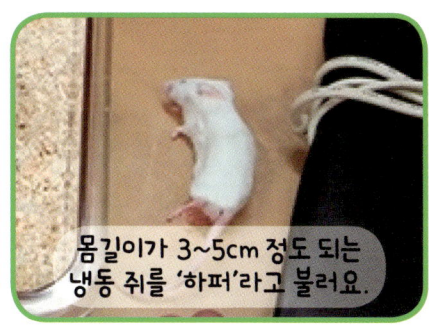

몸길이가 3~5cm 정도 되는 냉동 쥐를 '하퍼'라고 불러요.

긴 핀셋

뱀을 새로 데려왔다면, 적응할 때까지는 일주일 동안 물만 주세요.
먹이는 뱀의 머리 크기와 비슷하거나 조금 더 큰 먹이를 주면 됩니다.

잘 길들인 뱀도 규칙적으로 식사를 하지 않기 때문에 언제 먹이를 먹었는지 기록해 놓는 게 좋습니다!

귀여운 콘스네이크의 사육장이 완성되었어요!

같이 잘 지내보자~.

몽구스에게 하브독사의 처리를 맡긴 거죠.

문제는 오키나와에 순한 자생종들이 많은데

몽구스가 뱀을 사냥하는 게 아니라 *자생종들을 잡아먹기 시작한 거예요.

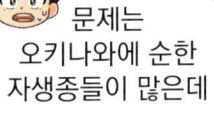

뜸부기

우리는 무슨 죄냐고….

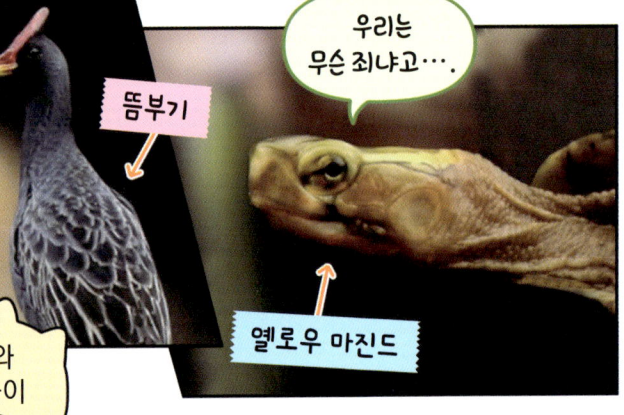

옐로우 마진드

오키나와 자생종들이 불쌍해요.

훗후~ 군침이 도는군!

결국 그런 셈이지….

씨익~

*자생종: 어떤 지역에서 옛날부터 저절로 퍼져서 살고 있는 고유한 종.

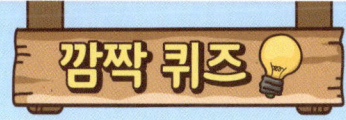

깜짝 퀴즈

하브독사는 몽구스로 인해 멸종되었어요.

정답과 설명은 129p에서 확인!

11화
세계에서 가장 긴 레틱파이톤

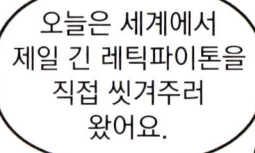

오늘은 세계에서 제일 긴 레틱파이톤을 직접 씻겨주러 왔어요.

우와! 엄청 거대하네요!

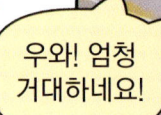

알비노레틱파이톤

레틱파이톤이란?
세계에서 제일 긴 뱀으로 그물무늬 비단뱀이라고도 불려요. 서식지는 주로 동남아시아로 야생에서는 강이나 연못 같은 물가에서 자주 볼 수 있어요. 평균 수명은 약 15~20년 정도입니다.

이 친구의 길이는 약 6.4m 정도 되어요.

국내 레틱파이톤 중에서 이 친구가 가장 크지요!

몸도 긴데 두께도 엄청나다멍!

날 씻겨주러 왔다고?

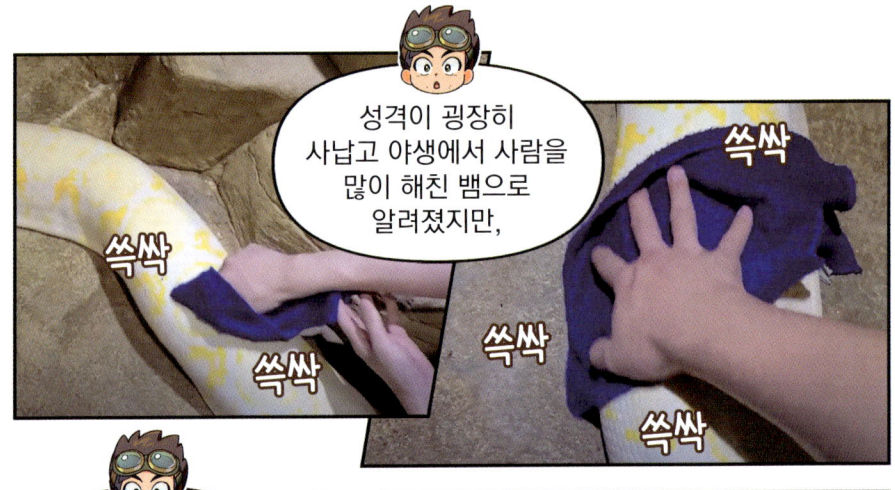

*CB개체: 인공적으로 번식된 개체.

평온

배불러.

다흑 님! 오늘 어땠어요?

씻겨줘서 고마워!

나른~

정말 크고 멋진데 조금 무서웠어.

대형 뱀을 키우는 게 쉬운 일이 아니긴 한데, 실제로 해 보니 사육사님이 더 대단한 것 같아.

다음에 또 보자~.

사육사라는 직업은 정말 아무나 못하는 것 같다멍.

레틱파이톤이 깨끗해졌네!

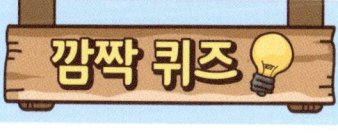
깜짝 퀴즈

세계에서 제일 긴 이 뱀은 무엇일까요?

ㄹㅌㅍㅇㅌ

정답과 설명은 129p에서 확인!

12화
'뱀의 왕'이라 불리는 독사 킹코브라

오늘은 태국 킹코브라 농장에 방문했어요.

나도 왔다멍!

태국은 동물 관광 사업이 많아요.

그중 인기가 많은 동물은 악어, 호랑이, 코끼리, 킹코브라예요.

이 동물들이 가장 위험하고 자극적이기 때문에 인기가 많아요.

크앙!

- 물리면 바로 응급실로 가야 하는 거죠?
- 그렇지. 괴사나 후유증이 있을 수 있으니까.

짜 잔

- 킹코브라가 공격을 해요!

사사삭

사사삭

- 코브라는 시각에도 의존을 많이 하는 뱀이기 때문에 저렇게 흔들어 주면 반응을 하긴 해.
- 왜 안 잡히지?
- 근데… 그렇게 빨라 보이지는 않네요 하하.

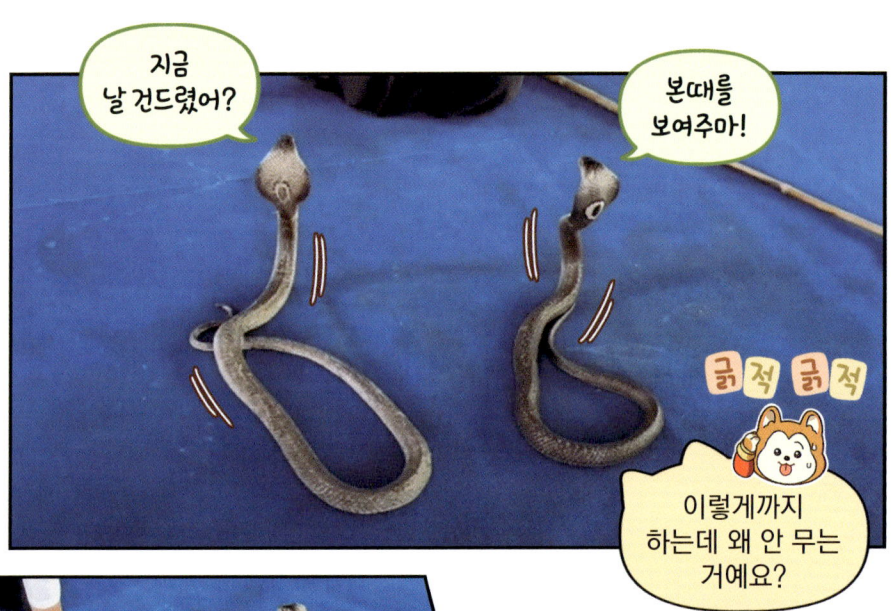

그런데 킹코브라를 핸들링하고, 뽀뽀해도 되는 건가요?

크앙!

코브라의 독

절대 안 돼요! 다시 한번 말씀드리지만 코브라는 정말 위험한 동물이에요!

굉장히 위험하니 '키우고 싶다.', '나도 따라 하고 싶다.' 이런 생각은 최대한 자제하세요.

참는데도 한계가 있다!

코브라에 대해 많은 걸 알았어~.

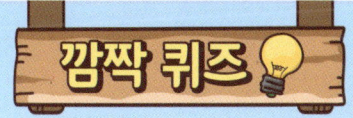

깜짝 퀴즈

적을 위협할 때 목 피부를 넓게 펼치는 이 뱀은 무엇일까요?

1. 킹코브라   2. 엘리펀트트렁크스네이크
3. 맹그로브스네이크

정답과 설명은 129p에서 확인!

123

뱀 플러스 상식

초등 교과 연계
3학년 1학기: 동물의 한살이
3학년 2학기: 동물의 생활

Q: 뱀은 왜 몸을 둥글둥글하게 말고 있나요?

A: 둥글둥글하게 말고 있는 모습을 똬리를 튼다고 해요. 소화를 하거나 휴식을 취할 때 주로 취하는 자세이지만, 숨거나 도망갈 시간이 없다고 판단하면 똬리를 틀어 주변의 위험을 감지합니다. 위험에 대비하고 언제든지 도망갈 수 있는 자세이며, 공격과 방어에 있어 가장 효율적인 자세입니다. 똬리를 틀고 맨 위에 머리를 두어 위험할 땐 바로 적을 물 수도 있습니다.

Q: 뱀도 탈피를 하나요?

A: 성체가 되면 1년에 2~3번 정도 탈피해요. 탈피할 때는 15일 동안 먹이를 먹지 않습니다. 탈피가 잘 이루어지지 않으면 식욕을 잃기도 합니다. 뱀은 탈피할 때가 되면 '블루 현상'이 나타납니다. 눈이 하얗게 되거나 파랗게 변하는 걸 말하지요.

Q: 뱀 핸들링을 할 때 주의할 점은 무엇인가요?

A: ① 몸을 조여서는 안 됩니다. 몸과 복부는 공격을 당하면 생명을 잃을 수 있는 예민한 부위이므로 주의해야 합니다.

② 뱀은 다리가 없어서 추락했을 때 충격을 흡수할 수 없으므로 절대 떨어트리면 안 됩니다! 눈으로 보이지 않아도 심각한 장기 손상을 입을 수 있어요.

③ 팔에 올릴 때 한 손으로 머리 아랫부분을 받치고 다른 손으로 몸통을 받칩니다. 목 부분만 잡으면 척추를 다칠 수 있어 몸도 함께 잡아주어야 합니다.

Q: 독사도 키울 수 있나요?

A: 사육과 채집 모두 절대 안 됩니다! 몰래 키우다 물리면 몸에 독이 퍼져 신체 부위를 절단해야 할 수도 있어요.

1화

뱀의 알은 고온다습한 곳에서 키워줘야 해요.

정답: X

너무 고온다습하면 알에 곰팡이가 피거나 속이 썩을 수 있으니 공기가 잘 통하도록 해 줘야 합니다. 온도는 25~30도, 습도는 65~90%를 만들어 줘야 해요.

2화

꼬리 쪽이 까맣고 얼굴에 눈물 무늬가 있어서 인기가 있는 이 뱀은 무엇일까요?

ㅂㄹㅌㅇㅋㄹㅂㅇㄷㄱ

정답: 블랙테일크리보인디고

뱀을 먹을 수 있는 덩치가 큰 뱀이에요. 꼬리 쪽이 까매서 '블랙테일'이라고 불려요. 얼굴에 눈물 무늬가 있어서 사람들에게 인기가 많답니다.

3화

몸의 무늬가 옥수수 알과 비슷한 이 뱀은 무엇일까요?

1. 콘스네이크 2. 밀크스네이크
3. 킹스네이크

정답: 1. 콘스네이크

몸의 무늬가 옥수수 알과 비슷해서 옥수수뱀이라는 이름이 붙었습니다. 몸 색깔이 다양하고 아름다워서 많은 사람에게 사랑받고 있습니다.

4화

킹스네이크의 몸은 독에 강해요.

정답: O

북아메리카의 사막, 늪, 저지대 등 다양한 환경에서 서식해요. 최대 2m까지 크는 뱀도 있으며, 독에 강하기 때문에 방울뱀 같은 독사도 먹을 수 있어요.

5화

위협을 느끼면 몸을 동그랗게 마는 뱀은 무엇일까요?

ㅂㅍㅇㅌ

정답: 볼파이톤

볼파이톤은 서아프리카에서 중앙아프리카까지 넓은 곳에 분포해 있어요. 위협을 느끼면 몸을 동그랗게 말아서 볼파이톤(Bal Python)이라는 이름이 붙었습니다.

6화

그린트리파이톤이 가장 싫어하는 것은 무엇인가요?

1. 진드기 2. 물 3. 나무

정답: 1. 진드기

그린트리파이톤은 마이트(진드기)에는 약하지만, 생활력이 강해요. 야행성으로 보통 열대우림 나무 위에서 생활하며 밤에는 땅으로 내려옵니다.

깜짝 퀴즈 정답 풀이

7화

벨처바다뱀은 맹독을 가지고 있어요.

 X

정답: O

벨처바다뱀의 독은 독액 2mg으로 성인 남성 천 명, 쥐 25만 마리를 죽일 수 있을 정도의 위력을 가지고 있어요.

8화

방울뱀에서 소리가 나는 이곳은 어디일까요?

정답: 꼬리

방울뱀의 꼬리는 케라틴으로 된 각질 고리가 허물을 벗을 때마다 생겨요. 위협을 느끼면 경고의 의미로 꼬리를 빠르게 흔드는데 이때 각질 고리들이 부딪혀 방울 소리가 나요.

9화

에메랄드트리보아에서 가장 날카롭고 길게 휘어져 있는 이곳은 어디일까요?

1. 꼬리 2. 이빨 3. 혀

정답: 2. 이빨

남미 열대우림 지역에 서식하는 교목성 뱀으로 이빨이 길게 휘어져 있고 사나워요. 특히 핸들링에 매우 민감하니 조심해야 합니다.

10화

하브독사는 몽구스로 인해 멸종되었어요.

정답: X

몽구스가 뱀을 사냥하는 게 아니라 오키나와의 자생종들을 잡아먹었습니다. 하브독사는 세계에서 두 번째로 큰 살모사과 독사로 맹독을 가지고 있습니다.

11화

세계에서 제일 긴 이 뱀은 무엇일까요?

ㄹㅌㅍㅇㅌ

정답: 레틱파이톤

세계에서 제일 긴 뱀으로 그물무늬 비단뱀이라고도 불려요. 서식지는 수로 동남아시아로 야생에서는 강이나 연못 같은 물가에서 자주 볼 수 있어요.

12화

적을 위협할 때 목 피부를 넓게 펼치는 이 뱀은 무엇일까요?

1. 킹코브라
2. 엘리펀트트렁크스네이크
3. 맹그로브스네이크

정답: 1. 킹코브라

킹코브라는 주로 동남아시아와 인도에 서식하며 몸길이가 약 5m 이상 자라는 독사예요. 적을 위협할 때 목 피부를 넓게 펼쳐요.

에필로그

다흑에게 온 질문

독자에게 뱀을 열심히 설명해 준 다흑. 뱀 외에도 다양한 동물들의 제보가 끊이지 않는데….

실시간 채팅

 다흑 님! 뱀이 이렇게 다양한 종류가 있었군요!

그럼요! 저와 함께 본 뱀들 외에도 또 있을 거예요.

GTP에 대해서도 많이 알았나요?

 네! 많은 공부가 되었어요!

다행이에요! 다음에도 또 같이 알아보아요~.

실시간 채팅

친구들이 제보해 준 다양한 동물도
만나보러 갈까요?

안녕하세요 다흑 님. 제가 산에서 부엉이를
본 거 같은데 이거 수리부엉이인가요?

어…
어디에?

흠 도대체 수리 부엉이가
어디 있는 거죠?

 아! 다흑 님 찾았어요!

찾았다!

실시간 채팅

 바로 여기요. ㅎㅎ

아니, 너무 보호색이잖아. ㅎㅎ

안녕하세요 다흑 님.
산책 중인 것 같은데… 얘는 뭘까요?

칠면조가
길에서 런웨이를
하고 있어!

칠면조입니다….

한국인가요?

네 해미읍성이에요.
공룡인 줄 알았어요.

실시간 채팅

아니, 칠면조가 걷고 있다니!

 너무 당당하게 걷고 있어서 한국이 아닌 줄 알았어요.

이렇게 다양한 동물이 많다니 더 다양한 동물을 얼른 만나보고 싶어.

 저도요! 다흑 님 전 다음에 이 동물들을 더 알아보고 싶어요.(소곤소곤)

아아~ 알겠어! 그때까지 우리만의 비밀로 하자.